한용운문학상 수상 시인
인생 총량의 법칙

샘문시선 1030
이상욱 서정시집
한용운문학상 수상 시집

틈만 나면 당신을 생각한다는 것
어젯밤 당신 꿈을 꾸었다는 것
바로 전화를 받지 않으면 불안한 것
주말을 같이 보내지 않으면 서운하다는 것

모두
당신을 사랑하고 있다는 것이다
〈사랑한다는 것, 일부 인용〉

경계심 쫑긋 세우고 풀만 뜯는 무리와
기회만 노리는 굶주린 무리에 팽팽한 긴장감

간절하지 않으면 최선을 다하지 않으면
작은 것 하나 구하지 못하는 이치는
인간사와 별반 다를 바가 없다
〈세랭게티, 일부 인용〉

여기를 나서 청계산 바라보이는
나의 서재로 돌아간다
매일 아침 커피를 마실 수 있으리라

향이 있는 커피를 다시며 시를 쓸 수 있으리라
눈을 감으면 향이 더 짙어지는 이유는
내가 그대를 사랑하고 그리워하기 때문이리라
〈눈을 감으면 향이 더 짙어지는 이유, 일부 인용〉

_____ 님께

년   월   일

드립니다.

도서출판 샘문

한용운문학상 수상시인

인생 총량의 법칙

이상욱 서정시집

비나리오에 서서
8시에 출발하는 기차를 기다리며…

　낯선 곳이든 익숙한 곳이든 여행은 언제나 설렘이 있습니다. 사랑도 인생도 여행이고 무엇을 찾아 떠나는 여행은 설렘의 연속입니다.
　아무리 계획을 잘 짜도 그대로 되는 법은 없지만 싫지 않은 어긋남입니다. 일상에서 여행으로 여행에서 일상으로 돌아오면 또 그리움 가득히 쌓여 행복이 찾아듭니다.

　시인의 언어는 특별할 거라 생각하지만 시인의 글과 생각은 평범함에서 시작하여 잘 보이지 않은 것을 볼 수 있도록 찾아나서는 것에 차이가 있다고 생각합니다. 그래서 시인은 좋은 시를 쓰기 위해 시상을 찾아나서는 내면의 여행을 하게 됩니다. 시상은 스스로 감정이 움직일 때 일어나는 자연적인 현상으로 이 시상을 그대로 글로 옮겨 놓은 것이 시詩가 되는 것입니다. 이 시집에 수록된 대부분의 시는 필자가 일상 속에서 감동이 되었던 어떤 일들이나 아름답거나 애잔한 풍광, 그리고 마음 깊숙이 경험한 일들을 대하면서 일어나는 감정을 마음의 흔적으로 남긴 글들을 엮어 놓은 것입니다.

　매일 새벽 여명의 시간, 만물과의 교감을 통해 언어의 경이로움을 찾아 나섭니다. 마음의 흔적들을 누군가와 함께할 수 있는 시를 남기는 것은 일상의 즐거움이 되고 있습니다, 하나의 시구가 들어서고 한 줄 한 줄 다듬는 일들이 초가지붕 이엉 엮듯 어느새 지붕을 덮는 즐거운 작업이 되었습니다.

시인의 말

　등단 초기 사랑과 이별에 대한 감정을 표현하는 시로 시작하여 점차 풍광의 아름다움과 사물의 관찰자 시점으로 표현하였습니다. 이후 삶을 돌아보는 여유로움으로 역사와 스토리가 묻어나는 글을 쓰고자 노력하여 이번에 이를 한데모아 시집을 발간하게 되었습니다.

　이 시집은 저의 첫 시집으로 더 많은 영감을 불어넣어 집필하고자 하였으나, 한 계절이 가고 또 한해가 저물고 새해에 들어 봄마저 지나가려 하니 이제 매듭이 필요한 때라 생각되었습니다. 삶의 흔적을 돌아보며 인생을 알아가는 중에 느낀 바를 글로 옮겨 보면서 1부 이것이 사랑일거야, 2부 여기서 행복을 찾자, 3부 인생 총량의 법칙, 4부 그리움으로 채운 행복으로 나누어 놓았습니다.

　꽃이 예쁘게 보이는 것은 내가 예쁜 꽃을 알아볼 수 있기 때문일 겁니다. 언제나 그 자리에 피어있던 꽃이었지만 그때는 보이지 않았던 것입니다. 이제 내 마음에서 그 꽃이 보이기 시작한 것입니다. 꽃이 예쁘다는 것은 꽃처럼 예쁜 사랑을 할 수 있다는 것입니다. 꽃을 보며 아직도 촉촉하게 젖어드는 느낌을 '이것이 사랑일거야'로 표현하였습니다.

　사랑하는 사람과 여행하는 것은 행복한 일입니다. 여행은 항상 설렘이 있고 계획한대로 되는 것도 아니지만 맛있는 음식을 먹을 때나 사랑하는 사람과 손잡고 길을 걷기만 해도 행복한 법이지요. '어디를 가느냐?' 보다도 '누그랑 가느냐?'가 중요하듯 바로 그 사람이랑 다닌다면 행복하겠지요? 그래서 이왕 떠난 길 '여기서 행복을 찾자'로 표현하였습니다.

살다보니 모든 것에 감사할 때가 있었습니다. 희노애락을 겪으며 지천명知天命을 알아가는 중에 느낀 바를 글로 옮겨 보았습니다. 여기에서 흘린 땀이 헛되지 아니하고 다른 곳에서 쓰임이 있을 터이니 인생은 총량의 법칙이 적용된다는 것을 알게 되었습니다. 늘 감사하는 마음으로 글과 사람을 대하고 싶습니다.

철없이 뛰어놀던 어린 시절, 동네 이웃들과의 정을 나누었던 고향, 나의 정서적 기반이 되었습니다. 그 시절이 그리워 가끔씩 향수에 젖어 들기도 하지만 그리움 소복이 쌓여 행복으로 이어지고 있어 힘들다가도 행복해집니다. 행복의 언어를 만드는 것은 우리를 더욱 행복으로 이끌어 줄 수 있습니다.

끝으로 좋은 시를 쓸 수 있도록 영감과 도움을 주신 지인들과 저의 사랑하는 가족들, 그리고 샘문그룹 이정록 회장님과 샘문시선 편집위원들과 함께 이 기쁨을 함께 나누겠습니다. 더욱 더 낮은 자세로 정진하겠습니다.

감사합니다.

2022. 벚꽃 봄비 되어 나릴 때,
木友 이 상 욱

서 문

상선약수의 삶이 빚어낸 사랑의
돌탑이 완성되다

- 이정록 (시인, 수필가, 교수, 문학평론가, 칼럼니스트)

　이상욱 시인의 첫 시집 『인생 총량의 법칙』은 서정시집으로 중심적인 주제는 사랑이다. 시집을 펼쳐보면 제1부 이것이 사랑일거야, 제2부 여기서 행복을 찾자, 제3부 인생 총량의 법칙, 제4부 아쉬움으로 채운 행복으로 구성되어 있다. 먼저 그의 시집이 현재를 살아가는 사람들에게 어떤 의미를 지닐까 생각하면 한 마디로 사람과 사람 사이에 오가는 정과 사랑을 소중히 하고 그런 감정을 귀하게 여기며 그것이 사람이 살아가는 길이며 삶을 아름답게 하는 요소라는 것을 시인은 체관하고 있다. 그가 20대에는 한 사람만을 사랑하는 것이라고 생각했으나 30년이 지난 후 다시 사랑을 희구해야 한다는 필요성은 공감할 수 있는 의견이다. 살아오면서 사랑은 그야말로 사라진 것이다. 사랑이 사라졌기 때문에 그는 새로운 사랑을 찾고 그 사랑에게 정성을 다하고 싶은 것이다.

　내가 처음 만난 이상욱 시인은 문학상 공모전에 응모하여 등단하고자 강한 열망으로 도전하는 첫 이미지는 아름다운 사랑의 서정시를 쓸 시인 같지는 않았다. 스포츠지도과 교수이기에 더욱이 상상할 수 없었다. 그러나 상상 외로 그는 감성적이고 낭만적인 사람이고 굉장히 성실한 사람이기에 시격이 급성장을 했으며 아집이나 오만이 없으며, 아주 낮은 자세로 겸손하고 예의가 바른 나비와 같은 사람이다. 그래서 시인의 마음 정원에는 항상 아름다운 꽃이 피어있다. 그 정원을 소중히 지키고자 한다. 시인의 마음 정원에는 이 세상의 그 무엇도 침범할 수 없는 그만의 내밀한 세계를 간직하고 있고 그것으로 흔들림이 없으며 늘 온유함을 지니며 그 정원 어딘가에 사랑의 샘이 끊임없이 흘러나오는 것이다.

왜 사랑의 시를 써야하는가라고 한다면 이상욱 시인에게는 새로운 사랑을 희구하기 때문에 사랑의 마음이 상상의 나래를 펼친다. 그녀에게 그는 사랑의 마음을 다한다. 「섬섬옥수」에서 보면 그 사랑의 마음이 공주에게 향하나 공주가 자신을 지켜주길 바란다. 그것은 그가 20대 이후에 누군가를 사랑하고 결혼하여 지켜온 사랑의 무사였다면 30년 후의 그는 그가 지킨 공주가 자기를 지켜주기 바라는 마음이 된 것에 있다고 해야 할 것이다. 30년 후가 되어 그도 누군가의 사랑을 받고 싶은 것이다. 그래서 그는 공주가 자신을 지켜주길 바라면서 새로운 사랑을 찾아간다. 이것은 지극히 자연스러운 일이라고 생각된다. 사람이 변화되는 시기에 다시 시작하는 사랑이 이상욱 시인의 영을 점유한다. 그가 필요로 하는 사랑은 그의 생존과 직결되는 문제이며 근원적인 요구이다. 그동안의 사랑과 그가 비호해야만 했던 사랑은 그에게는 책임이나 의무였을지도 모른다. 그것을 지느라고 그도 쉽지는 않았을 것이다. 그런 그가 이제는 누군가의 새로운 사랑으로 새 삶을 살고 새로운 생명력을 얻어 30년 이후의 삶도 윤택하게 살아갈 것이기 때문이다.

「사랑은 정성을 다 하는 것」에서 "사랑은 가지런히 쌓아올린 돌처럼/ 바람에도 허물어지지 않게/ 서로에게 정성을 다하는 것"이라고 하였다. 이상욱 시인이 생각하는 사랑은 서로의 정성이 쌓아올린 굳건한 탑이다. 그리고 "달린다는 것은/ 우리가 함께 달린다는 것은/ 아픔도 잘 느끼지 못한다는 것입니다"라고 하듯이 함께 달리므로 고통도 느끼지 못한다는 의미이다. 사랑하는 사람이 함께 달려가며 힘든 고통도 느낄 수 없이 그냥 달려왔다는 것을 그는 이렇게 표현한 것이다.

이상욱 시인의 사랑에 관한 시편들은 잘 음미하면 할수록

서 문

 고개가 끄덕여지고 공감이 된다. 그리고 현대적 감수성이 배어있고 그의 마음의 정원으로 우리들을 불러들여서 온유하게 품어준다는 생각이다. 사실 많은 사람들이 메마른 마음으로 건조하며 공허하게 의미 없이 살아가고 있다. 사랑을 품기보다는 헛된 우상을 좇아가느라 타인도 자신도 사랑해야 할 이들도 모른 채 돌진하고 있다. 이것이 현실을 사는 우리들의 아름답지 못한 모습이기도 하다. 이해타산을 생각하는 조건적인 사랑, 댓가를 바라는 거래적인 사랑, 사랑 받길 바라고 줄줄 모르는 이기적인 사랑에 우리들은 빠져든다. 그야말로 자본주의의 상업광고는 사랑마저도 상품의 교환가치로 바꾸려고 획책한다. 이러한 물신화나 우상화 속에서 우리들은 사랑을 잃고 공허하고 메마르며 푸석푸석한 삶을 살아가고 있는지도 모른다. 그래서 인간을 차별하고 귀하게 여기지 않으며 권리를 짓밟고 인간을 자신의 이익을 만들어내는 수단으로 취급하는 비열성이 가담한다.

 이상욱 시인이 복원하는 인간의 마음은 사랑이다. 그 사랑을 복원하는 데에 남녀의 에로스의 사랑에서 시작하여 확장되어 가는 것은 「우전차」에서 "상선약수의 삶"이라 하여 물과 같이 선을 이루어 가는 삶에 대한 지향이다. 최고의 선은 최고의 사랑이라는 것이 시인이 해석하는 새로운 사랑이며 그가 찾고 희구하는 사랑일 것이다. 시인은 에로스의 사랑만이 아니라 필리아의 사랑, 즉 관계의 사랑과 아가페적인 사랑, 즉 자기희생적인 사랑을 체현하여 왔다. 20대 이후 30년을 살아오면서 에로스의 사랑에서 출발하여 지아비와 부모가 되는 자기희생적 사랑과 타인들 간의 필리아적인 사랑, 부부의 사랑을 경험하면서 그의 사랑은 깊어졌고 단단해져 왔다고 본다. 그가 단순히 감성적인 사랑을 줃꾸어온 것이 아니라는 것이 한 편 한 편의 시들에서 전개되고 상상력으로 빚어낸 것은 바로 그의 사랑의 삶 속에서 우러나온 표현들이거나 그의 사랑에 대한 의식일 거라고 생각한다.
 「벗과 노동주」에서 "이 술은 고된 하루의 쉼을 주는 노동주다"라는 표현에서 알 수 있듯이 지켜온 그의 사랑은 바로 고된 노동의 하루가 있었고 그것은 가족을 위한 한 남자의 자기희생적 아가페 사랑이었다. "누가 시키지 않았는데/ 이렇게 많이 흔들었네요/ 중형을 무릅쓰고/ 달립니다// 죄가 된다면 그 큰 벌을 내리시고/ 그렇지 않다면 죄를 사하여/ 당신 꿈을/ 꾸게 하소서(「꿈」). 이 표현은 읽은 이로 하여금 많은 걸 생각하게 한다. 사랑으로 중형을 무릅쓰고 달렸던 세월, 마치 한용운 시인의 '남들은 자유를 좋아한다지만 나는 복종을 좋아 하여요'라는 표현을 연상하게 하는 건 필자만의 생각일까. 사랑을 위해 그저 달려왔고 그러면서 중형의 고통도 느끼지 못했다는 것은 반어적으로 중형을 자처하였고 고통스러웠지만 상선약수의 고고한 자세로 견지해온 삶이 있었기에 그는 사랑을 주제로 한 시편들을 한 편 한 편 엮을 수 있었던 것이다.

"수많은 돌 중에서 저렇게 동그랗고 잘 어울리는/ 돌을 고르는 것도 일인데/ 허물어지지 않게 쌓는 것도 일이야// 내 마음과 당신 마음을 담은 돌이니까", 이 시 구절은 그의 마음 자세를 드러내는 것이다. 이상욱 시인이 어떻게 살아왔는지, 돌탑을 쌓아온 세월의 견결함이 배어있고 그 삶이 시 구절과 어우러져 사랑을 잃어 방황하거나 흔들리는 마음의 사람들이 그와 함께 돌을 잘 골라서 하나하나 쌓는 비법을 그로부터 전수 받을 것임에 틀림없다. 시집 출간을 감축 드리면서 많은 독자들이 이 시집을 읽고 다시 사랑을 품고 구현하기를 간절히 바라면서 이상욱 시인의 문운장구를 빈다.

평 설

사랑에서 인생 총량과 아쉬운 행복까지

- 손해일(시인, 문학박사, 한국PEN 35대 이사장)

1. 들어가면서

이상욱시인의 첫 시집 『인생 총량의 법칙』 출간을 진심으로 축하드린다. 문학은 언어예술의 꽃이요, 시는 아름다운 꽃술이다. 시詩 작품은 한글 자모나 부호에 불과한 행간에 의미를 부여하는 작업이다. 작가가 작품들을 모아 시집을 낸다는 것은 언어에 그늘막과 집을 지어주는 일이다.

김춘수시인의 어법대로라면 "내가 그의 이름을 불러주기 전에 그는 다만 하나의 몸짓에 불과했지만, 내가 그의 이름을 불러주자 비로소 꽃이 된 것이다." 흩어져 있는 시상을 정리하고 요리하여 맛깔스런 작품을 만들고 한상 가득 잔칫상을 차리는 것이 시집이다. "구슬이 서 말이라도 꿰어야 보배요", 서양 격언처럼 "No publishing is Perishing"이기에 작품집이 의미를 더한다. 이상욱 시인이 공들인 이번 첫 시집도 첫사랑처럼 설렐 것이라고 생각한다.

필자가 이상욱 시인을 처음 만난 것은 몇 년 전 샘터문학의 이정록 회장을 통해서이다. 이상욱 시인이 재직하는 대림대학에 두 분이 평생교육원 문예대학을 개설한다고 합심해 동분서주할 때이다. 소위 돈이 되는 실용과학의 홍수에 밀려 문학, 사학, 철학 등 인문과학이 맥을 못 추는 추세라서 공과대학 안에 별도 문학강좌 전담기구를 개설하는 작업이 만만치 않음은 쉽게 짐작할 수 있다. 그럼에도 이상욱 시인은 뚝심으로 밀어붙여 대림대학 평생교육원에 대림문예대학 개설을 성사시킨 장한 일을 해내었다.

반구대 암각화가 있는 울산 출신이라는 이상욱 시인은 한양대학교 대학원 체육학과를 졸업한 이학박사이다.(프로필 참조). 현재 대림대학교 스포츠지도과 교수이며, 평생교육원 원장, 원격평생교육원장, 국제우드볼연맹(IWBF) 부회장이며 국제대학스포츠연맹(FISU) 기술위원이다. 스포츠 전문가인 이상욱교수가 샘터문학 신인상에 시와 수필로 당선하고, 한용운문학상 우수상을 거쳐 여러 권의 공저를 낸 뒤 이번에 첫 시집을 상재하는 것이다.

이 시집은 전체를 4부로 나누고 있다. 제목만으로도 이 시집의 분위기를 알 수 있기에 소개하면 제1부 이것이 사랑일 거야(28편), 제2부 여기서 행복을 찾자(26편). 제3부 인생 총량의 법칙(16편), 제4부 아쉬움으로 채운 행복(17편) 등 전체 87작품으로 구성되어 있다.

서문 또는 추천사를 의뢰 받았으나 독자 편의를 위하여 짧은 작품해설을 겸하고자 한다.

2. 첫 번째 주제는 사랑이다.

이 시인이 첫 주제를 사랑으로 택한 것은 아마도 난해한 시 보다는 정서적이고 감각적인 작품을 선호하는 요즘 젊은 독자들을 의식한 배려가 아닌가 한다. 동서고금 인류의 공통 테마 인 사랑은 종교와 동서양 철학과 심리학에서 여러 가지로 분류되고 있다. 기독교의 사랑, 불교의 자비, 유교의 측은지심 등이 사랑의 다른 이름들이다. 사랑은 문학뿐 아니라 모든 예술작품의 영원한 단골 주제이다.

이 시집에서는 우리가 일상에서 느끼는 남녀의 에로스적인 사랑과 연애감정, 그리움 등이 주된 소재이다. 이상욱시인은 나름대로 일상소재를 통해 사랑을 노래하고 정의한다. 쉬운 시들이므로 설명이 사족이라서 몇 편만 소개해 본다.

우리가 서로를/ 사랑한다는 것은 무엇인가요//
당신이 나를 바라보면/ 언제나 눈빛이 설렌다는 것/
〈들꽃사랑〉 일부

평 설

앓던 이를 뽑았더니/ 고통은 사라졌다/ 사랑도 없어졌네//
출혈이 남았지만/ 시원하단다// 이마저도/ 사랑의 흔적이야//
세월이 가도/ 그 흔적에 담긴 사랑은 영원하다//
〈사랑니〉 전문

틈만 나면 당신을 생각한다는 것/ 어젯밤 당신 꿈을 꾸었다는 것/
바로 전화를 받지 않으면 불안한 것/ 주말을 같이 보내지 않으면 서운하다는 것//
모두/ 당신을 사랑하고 있다는 것이다//
〈사랑한다는 것〉 일부

사랑은 가지런히 쌓아올린 돌처럼/
바람에도 허물어지지 않게/ 서로에게 정성을 다하는 것//
사랑은 발길이 멈춘 곳에/ 마음을 담아 또 올려놓지만/
이마저도 이쁘게 정성을 들이는 것//
수많은 돌중에서/ 저렇게 동그랗고 잘 어울리는/
돌을 고르는 것도 일인데/ 허물어지지 않게 쌓는 것도 일이야//
내 마음과 당신 마음을 담은 돌이니까//
〈사랑은 정성을 다하는 것〉 전문

정확한 조준/ 빠른 격발이 필요한/ 사격//
진심을 다해/ 격발해야 명중하는/ 사랑//

...중략...

한 발의 명중으로/ 일등사수가 된 것처럼/
처음 지어보이는 천사의 미소//
두 발의 명중으로/ 사랑은 커져간다//
움직이는 과녁을 맞추기와/ 흔들리는 사랑을 잡기란/
여간 어렵지 않다// 그래서 사랑은 사격술이다//
〈사랑은 사격술〉 일부

3. 두 번째 주제는 여행을 통한 행복 찾기이다.

여기에는 이 시인이 국내외 26곳을 여행한 기행시가 실려 있다. 여행이란 낯선 곳을 가보고 싶다는 인간 호기심의 자연적 발로이다. 고생스럽지만 여행을 통해 힐링하고 행복을 느낀다. 마음에 드는 곳은 몇 번이고 다시 찾기도 한다. 거기서 마음의 평온과 안식을 얻기 때문일 것이다. 지금은 경제적 여유와 건강만 허락하다면 교통수단의 발달, 여행프로그램 개발, 볼거리가 넘쳐나는 세상이다. 인생자체가 이승에 잠깐 왔다가는 시간 여행이기도하다. 이 시인은 여행을 통한 역사의식의 발현과 행복 찾기에 초점을 맞추고 있다.

  사랑도 인생도 여행이다/ 낯선 곳, 익숙한 곳 모두//
  아무리 계획을 잘 짜도/ 그대로 되는 법은 없지만/
  싫지 않은 어긋남이다//
  아침저녁 쌀쌀함을 잊게 해주는/
  글루바인(Gluhwein) 한 잔을 떠올리며/
  오늘 아침도 노란색 온기로 시작한다//
  여기서/ 행복을 찾자//
〈여행〉전문

이 시인의 행복 찾기 여정은 고향이지만 철거되어 없어진 〈그리운 용잠〉에서부터 시작한다.

  어릴 적 모든 기억을 간직한 곳/ 그곳에 가고 싶다//
  멸치부터 고래까지 잡던 곳/ 태고의 유전자로 전수된/
  최고의 사냥 기술은 인간의 끝없는 욕망과/
  산업화의 물결에 삼켜져 사라졌다//

  순박한 용잠사람들/ 뿔뿔이 흩어져 실향민이 되어/
  우주인들이 나타난 세상을 두려워했다//
  용잠사람들/ 하루의 시작은/ 동이 트기도 전에/
  물 본 고깃배가 들어오길 기다는 것이다/
  누구 배가 먼저 들어오나/
  밤새 출출해진 허기는 새벽공기로 채웠다//

  봄날은 갔다/ 온정과 사랑으로 차오르던/
  그리운 나의 고향 용잠/ 마음은 아직도 봄날이다
〈그리운 용잠〉 일부

평 설

　멸치에서부터 고래까지 잡던 이 시인의 고향 어부 마을 용잠 사람들은 울산의 산업화로 인해 공장건설과 매연으로 인해 삶의 터전을 내어주고 철거민으로 뿔뿔이 흩어졌지만, 선사시대 반구대 암각화가 그 유구한 족적을 남기며 이 시인의 향수를 자극하고 있다. 이 시인의 고향인 울산 태화강 지류인 언양읍 대곡리 사연댐 상류에 반구대 암각화가 있다. 세계적으로도 유명한 암각화가 그려진 높이 70미터, 너비 20미터의 대곡리 바위벽엔 신석기시대 우리 선조들의 생활모습 특히 고래잡이 포경과 동물형상 등 다양한 암각화가 그려져 있다. 이 시인은 반구대 가세에서 물살에 잠겨 잃어버린 시간과 고향의 추억과 역사적 감회를 반추하고 있다.

　　동해를 수조에 담아 아쉬움 남기고 떠났네/
　　물살 흔적 사라진 그 자리에 그리움 가득/
　　너의 마지막 모습 아직 아프고 또 아리네/
　　함께 했던 가버린 시간 찾게 해 주소서//

　　...(중략)...

　　태화강 물 맑아지니 강새우 날치 돌아와 반기고/
　　반구대 가세에서 한숨 쉴 수 있게 되었네/
　　아라비아 뱃길로 처용과 함께 돌아오리라/
　　천 년의 그 약속 이제 지킬 수 있게 되었네//

　　기다림에 지쳐 그 자리 찾아가네/
　　그리운 바다 맴돌다 맴돌다 돌아가네//
　　　　　　　　　　　　　　〈반구대 가세에서〉 일부

　이 시인의 여정은 이제는 철거되어 제3부는 갈 수 없는 추억의 고향 용잠에서 출발하여 국내외 유명 관광지를 떠돈다. 이 시의 제재가 된 고금도, 태봉(철원), 애월, 영랑호, 내원사 계곡, 보은, 남해 보리암, 길상사, 공산성, 소매물도 등 국내 관광지를 거쳐 아프리카 빅토리아 호수, 나일강, 세렝게티, 지중해 등을 섭렵하지만 종착지는 고향인 용잠으로 귀향한다. 고향은 언제나 그리운 어머님 품 같은 곳이기 때문이다.

4. 세 번째 주제는 인생 총량의 법칙이다.

'에너지 불변의 법칙'이나 '제로섬 게임'처럼 가감은 있어도 인생에 총량이 있다는 설정이다. 내가 베풀거나 손해를 보거나, 떠나거나 돌아오거나, 슬프거나 즐겁거나, 행불행의 인생 전체의 총량이 존재한다는 생각이다. 인간의 행복과 불행 등 모든 것이 마음먹기에 달렸다는 〈일체유심조一切唯心造〉의 깨달음이라고나 할까? 이제 그의 인생론을 따라가 보자.

> 힘든 날 눈을 뜨니/ 살아 있다는 것을 알았고/
> 떠나보내는 것이 그렇게 두렵지 않고/
> 쉽지도 않다는 것을 알게 되었네//
>
> 삶의 고통이 엄습하는 순간/ 그렇게 달래고 속을 끓여도/
> 고통은 없어지지 않고/ 다만 견딜 수 있게 될 뿐이네//
>
> 살아온 세월을 그 누구도/ 알아주지 않더라도/
> 삶의 흔적은 씨앗으로 남아/ 마음 한 구석에 싹이 트네//
>
> 측은지심이 자라나서/ 정성껏 기름진 거름을 뿌렸지만/
> 늘 나의 기대치보다/ 튼실한 과실을 주지 않았네//
>
> 야속하기도 하고/ 배신감이 들어 서운하기도 했지만/
> 스스로 내려놓고 비우는데/ 고뇌의 시간이 필요 했었네//
> 바위는 모진 풍파를 견디며/ 깨지고 닳아 둥근 자갈로 굴러서/
> 하구 삼각주에 이르러서/ 보드라운 은빛 모래가 된다네//
> 이제 헤어 나와 들여다보니/ 이곳에서 얻은 것들이/
> 저곳에 쓰임을 알게 되었고/ 인생 총량을 알게 됨이라/
>
> 내가 은사적으로 베풀어/ 누군가가 그것을 얻어 기쁨이 있다면/
> 나에게 베풀었던 누군가의 호의가/ 다시 전해지는 것을 알게 되었네//
> 그 쓰임새가 지금은 없더라도/ 우리는 슬퍼하지 말자/
> 언젠가는 희망으로 돌아오리라//
>
> 〈인생 총량의 법칙〉 전문

평 설

 인류가 추구하는 삶의 궁극적 목표는 행복일 것이다. 〈최대 다수의 최대의 행복〉처럼 혼자만의 행복이 아닌 모두의 행복이라면 금상첨화 아닌가. 그러나 인류역사가 말해주듯 인간의 시기질투와 미움, 약육강식, 전쟁과 종교분쟁, 자연재해 등 자업자득으로 인류의 불행이 그치지 않는다. 그런 중에도 술과 음식을 숙성시키듯 인간은 인격도야와 교육, 깨달음 등으로 숙성이 되어야 맛을 되찾는다는 주장이 다음 시에 녹아 있다. 〈술과 도자기와 사람〉이라는 작품이다.

 도수 높은 술이 좋다는 것은/
 인고의 시간 증기되어 맺힌 방울 떨어지는/
 고순도 이슬을 모아 놓았기 때문에/
 마시면 쉬이 취하고 숙취가 없는 것이다//

 높은 온도로 구워낸 도자기가 좋다는 것은/
 도공의 정성으로 가마의 불길이 좋을수록/
 깨질지언정 탁도가 맑아지기 때문에/
 빛깔 고운 도자기가 되는 것이다//

 실패를 딛고 일어나본 사람이 좋다는 것은/
 인생 총량의 법칙을 깨달아 매사 처연해지고/
 말하기도 전에 나를 알아주기 때문에/
 심히 훌륭한 사람이 되는 것이다//

 술과 도자기와 사람/
 모두 숙성의 시간을 거쳐 만들어지는 것이다//
〈술과 도자기와 사람〉 전문

5. 맺는 말

 지금까지 이상욱 시인의 첫 시집 상재를 축하드리며, 추천사를 겸하여 몇 편의 작품을 주마간산 격으로 살펴보았다. 사랑과 여행 등 일상생활을 소재로 때로는 가볍게 때로는 무겁게 인생론을 시로 설파하고 있다. 지면관계상 더 이상 언급을 생략하지만, 아무쪼록 이 시집이 독자들의 사랑을 받고, 이상욱 시인의 문학도 더 한층 진경 있기를 축원하며 글을 마친다.

언어예술을 통해서 알레고리를
섭렵한 시인

- 김소엽(시인, 대전대학교 석좌교수, 한국기독예총 회장)

　문학은 언어 예술이며 그 중에서도 시는 가장 핵이 되는 언어 예술이다.
　그런데 그 언어 예술은 말로 되어져 나오는 언어가 아니라 심언心言이다. 마음속에서 우러나오는 진실을 얘기하는 가장 아름다운 언어이다. 그 아름다운 언어는 그냥 나오는 것이 아니라 간절한 그리움이 많이 있어야 된다. 그 그리움이란 절로 생겨나는 것이 아니다. 사랑이 밑받침 되어야 한다. 사랑의 샘물이 말라 있으면 아무리 그리움의 두레박을 길어 올려도 물을 마실 수가 없다. 그래서 늘 사랑의 물이 심연에 고여 있어야 한다. 그렇지만 사람에게는 완벽한 사랑이 없다. 늘 부족한 부분이 남아 있는 법이다. 완벽한 사랑이란 예수 그리스도에게만 있는 것이다. 인간의 사랑은 늘 부족해서 허기지는 법이다. 바로 그 부족한 공간이 그리움으로 남게 된다. 이 그리움이란 마음에 사랑을 그리는 것이다. 마음에 그린 사랑의 그림이 바로 시에서 추구하는 이미지다.

　이미지란 같은 사물을 보고도 사람마다 느낌이 다르듯이 마음에 그리는 심상, 곧 이미지도 다르다. 그 다른 이미지에서 창의성이 발휘되는 것이다. 그러므로 이미지는 시를 짓는 아주 중요한 요소가 된다. 그리움은 부족함에서 비롯되어 마음에 심상을 그리게 되다 보면 이미지가 떠오르고 그 이미지가 다시 언어 예술을 통해서 시가 되는 알레고리를 알게 되면 우리는 시를 쉽게 이해 할 수 있다.
　이상욱시인은 바로 이러한 이치를 시에 잘 나타내어 표현

추천사

해 주고 있다. 다시 말하면 이상욱시인의 시의 주제는 사랑이며 그 소재는 꽃으로 나타나고 있다. 시집 인생 총량의 법칙에서는 1부 이것이 사랑일 거야 '내 마음에 핀 꽃' '후레지아' '정원에 핀 꽃' '단 하루의 사랑' '사랑한다는 것' '하늘의 별자리' '좋은 아침' '메밀국수' 등 행마다 스며있는 사랑의 그리움을 우리는 읽을 수 있다.

지금 이 시대는 너무나 빠르게 급변하다 보니 사랑도 급속도로 진행한다. 그리움이란 사랑의 미완성에서 탄생되는 것인데 그리움조차 태어 날 여백이 없이 사랑의 속도가 빠르다. 그리움이 있어야 이미지도 탄생되고 시가 지어지는데 현대는 사랑의 시가 만들어 질 환경이 못 된다는 아쉬움이 크다. 그러나 인류가 존속하는 한 사랑은 계속 될 것이다. 이상욱 시인은 이러한 환경 속에서 사랑과 그리움을 키워서 마침내 한 권의 시집을 탄생시켰으니 참으로 귀한 것 아니겠는가, 하는 말을 하고 싶어서 이렇게 말을 풀어서 하게 되었다.

그는 사랑니를 앓듯이 사랑을 앓았고 그 고통 속에서 마음이 아플 때마다 그 고통을 실타래 풀듯이 풀어내어 아름다운 비단을 짜내듯이 시를 써서 그리움을 풀어냈다. 설사 그 필육이 다소 세련미를 지니지 않았을지라도 진심을 담아서 정성껏 짠 비단이라서 시를 읽는 사람마다 사랑의 선물을 받게 되리라 믿는다.

아직 육십도 되지 않아서 사랑도 인생도 여행인 것을 안 필자는 비속에서도 그녀를 보고 섬섬옥수 속에서도 그녀를 보지만, 앞으로 칠순 팔순을 넘어서는 더욱 깊은 초월적 인생을 보지 않을까? 그 날에 얼마나 깊은 영혼의 시를 더 많이 길어 올릴까 기대해 마지않는다. 지금도 질병을 겪고 고통을 겪으면서 아쉬움을 행복으로 만드는 비결을 가지고 있고 인생 총량의 법칙도 깨달아 충분히 달관에 이르러 '내가 은사적으로 베풀어/ 누군가가 그것을 얻어 기쁨이 있다면/ 나에게 베풀었던 누군가의 호의가/ 다시 전해지는 것을 알겠네// 그 쓰임새가 지금은 몇더라도/ 우리는 슬퍼하지 말자/ 언젠가는 희망으로 돌아오리라'고 고백한 그 고백이 아름다운 세상에 꽃이 되고 등불이 되기를 소망하며 이상욱 시인의 "인생 총량의 법칙" 첫 시집 출간을 거듭 기뻐하며 축하드린다.

한용운문학상 수상시인
인생 총량의 법칙
이상욱 서정시집

시인의 말
비나리오에 서서 8시에 출발하는 기차를 기다리며 ················ 4
서문
상선약수의 삶이 빚어낸 사랑의 돌탑이 완성되다 ················ 7
평설
사랑에서 인생 총량과 아쉬운 행복까지 ······················ 11
추천사
언어예술을 통해서 알레고리를 섭렵한 시인 ··················· 18

1부 이것이 사랑일거야

꽃의 요정 ·· 27
들꽃 사랑 ·· 28
쥬브, 그 꽃 ·· 30
물의 정원 ·· 31
단 하루의 사랑일지라도 ································· 32
섬섬옥수 ··· 34
정원에 핀 꽃 ··· 36
후레지아 ··· 37
사랑하면 속상하는 법 ··································· 38
사랑니 ··· 40
사랑한다는 것 ·· 41
사랑의 정의 ·· 42
소중한 사람 ·· 43
행복한 사람 ·· 44
그리운 사람 ·· 46
밤하늘 별자리 ·· 47
여운 ··· 48
사랑은 정성을 다하는 것 ································ 49
좋은 아침 ·· 50

노랑으로 물든 아침 ······················· 51
가을비 ······································· 52
아침 단상 ·································· 54
메밀국수 ·································· 55
사랑은 사격술 ···························· 56
사랑의 나침반 ···························· 58
달린다는 것 ······························· 60
긴 하루 ···································· 62

2부 여기서 행복을 찾자

여행 ·· 65
반구대 가세에서 ······················· 66
산중의 일출 ······························· 67
고금도 청정굴 ···························· 68
태봉 가는 길 ····························· 70
비 나리는 애월 ·························· 72
영랑호 ······································· 73
달맞이 고개 ······························· 74
안목해변 ·································· 75
내원사 계곡 ······························· 76
인제 스피디움 ···························· 78
안목 커피거리 ···························· 80
보은 대추 ·································· 81
그리운 용잠 ······························· 82
길상화 ······································· 84
보리암 ······································· 86
공산성 ······································· 87
해무 ·· 88
태하마을 ·································· 89

제주살이 ··· 90
옴박해변 ··· 92
빅토리아의 윤슬 ·································· 94
나일강 발원지 ···································· 95
세렝게티 ··· 96
카오슝의 아침 ···································· 97
지중해로 가는 기차 ······························· 98

3부 인생 총량의 법칙

달아나는 시간 ···································· 101
눈을 감으면 향이 더 짙어지는 이유 ············· 102
인생 총량의 법칙 ································ 104
우전차 ··· 106
벗과 노동주 ····································· 108
술과 도자기와 사람 ······························ 109
꽃이 핀다는 것 ··································· 110
상처 ··· 112
숙성의 시간 ····································· 113
향수병 ··· 114
동행 ··· 115
강 건너기 ·· 116
소금 ··· 117
병실에서 ··· 118
비는 행운 ·· 120
축복의 눈꽃송이 ································· 121
변하는 세상 ····································· 122
이제라도 소리 내어 울고 싶다 ···················· 123
팔찌 ··· 124

4부 아쉬움으로 채운 행복

파도의 울음소리 ··· 127
지금 헤어지는 중인가요 ··· 128
외출 ·· 130
그리움에서 아쉬움으로 ··· 131
마침내 찾아온 행복 ··· 132
행복 증명서 ·· 133
사랑이 시작되는 날 ··· 134
보물 ·· 135
나에게 보낸 미소 ··· 136
꿈 ·· 138
눈을 꼭 감아봐요 ··· 139
사랑, 여름 가을 겨울 그리고 봄 ··························· 140
벚꽃 봄비되어 나릴 때 ··· 141
우드볼, 우정의 메신저 ·· 142
Woodball, Messenger of Friendship ··················· 144

1부
이것이 사랑일거야

꽃의 요정

창밖을 바라보니 아직도 비가 와요
바람도 함께 와서 꽃잎이 힘들어 하네요

서로 꼭 마주 잡고 있는데 결국 떨어지고 마네요
이제 남은 꽃잎 몇 장으로 버티고 있어요

세파에 꽃잎 떨구기를 얼마나 반복했을까
그대가 눈물 흘리니 슬픈 줄 알았고
미소를 지으니 기쁜 줄 알았어요

당신이 오기만을 기다렸어요

시든 꽃잎 몇 닢 떼어내니 다시 살아난 꽃
당신이 바로 꽃의 요정이었군요
사랑도 함께 가져다주세요

들꽃 사랑

우리가 서로를
사랑한다는 것은 무엇인가요

당신이 나를 바라보면
언제나 눈빛이 설렌다는 것

내가 당신 손을 잡으면
언제나 가슴이 뛴다는 것

그대 사랑 알아채지 못했지만
사랑이 부족해서가 아니라오

가만히 그대를 바라보며
그냥 있어도 행복하다오

물의 정원 오솔길 걸으며
들꽃 같은 사랑을 해요

우리가 서로를 바라보며
원하는 것은 무엇인가요

당신이 바라는 나는
언제 어디서나 함께하는 것

내가 바라는 당신은
언젠가 내 곁에 있어주는 것

그대 사랑을 알고부터
부족했던 사랑 채워가는 것이라오

두 손 꼭 잡고 들꽃 핀 길을
걷기만 해도 행복하다오

물의 정원 오솔길 돌아오는
들꽃 사랑을 기억해요

쥬브, 그 꽃

내가 당신을
예쁜 꽃이라고 여기어
그 꽃을 원했어요

그저 바라만 보며
향기를 기억하고
스쳐가는 바람에도
노심초사 했어요

이런 것이 힘든지도 모르고
그 꽃을 떠올리며 가슴 아파했어요

항상 그 자리에 피어있는
내 마음의 꽃

쥬브, 그 꽃

※ 프랑스어 '쥬브(Juve)'는 영어로 'I want', '나는 ~를 원한다'는 의미

물의 정원

물을 가득 담은 정원
황톳길 따라
손을 잡고 걸었습니다

강아지풀과 꽃다발 속
야생화도 피어 있었습니다

그네도 탔습니다
다리를 들어 흔들어보라고 했습니다

앞으로 뒤로 흔들리는 마음이
꿈속의 현실인지
현실속의 꿈인지

사랑을 이야기하며 걸었습니다

손을 잡고 걸었던 길이
이렇게 멀리 왔다는 것을
돌아올 때 알았습니다

단 하루의 사랑일지라도

가보지 못한 곳을 향해
걸어가야 한다
절망일지라도

저 길을 가야 한다
인생은 늘 선택의 연속이기에
내가 선택한 길
단 하루에 모든 걸 걸어야 한다

두려운 마음과 고통이 뒤섞어
가슴을 송두리째 도려낸다
인고의 시간이 흐르면
패인 자리에 사랑의 싹이 돋아나겠지

단 하루의 사랑일지라도
또 그 선택을 해야 한다면
단 하루에 모든 걸 걸어야 한다

오! 신이시여
나의 사랑 꽃의 요정에게
갈 수 있도록
무한한 인내를 주소서

비록 험난한 가시밭길을
맨발로 걷더라도
고통스럽지 않을 겁니다

섬섬옥수

가늘고 긴 손가락을 볼 때마다
그녀의 섬섬옥수가 떠올랐다

여림과 울림을 갖고 태어난
금관가야의 후예일거라고

지금도 그 흔적이 그녀의 옷깃
소매 끝동에 배여 있다

잠 못 이루던 밤 뒤척이며
공주의 호위무사가 되고자
수만 번을 아뢰었다

공주는 섬섬옥수로
무사의 손을 꼬옥 잡아주었다
그리고 살포시 안아주었다

지난 세월의 모든 아픔도 원망도
눈 녹듯 사라지고
서러움과 기쁨의 눈물이 쏟아졌다

섬섬옥수의 향이
세상 모든 것을 감싸버렸기 때문이다

잊을 수 없는 그 향을
무사는 마음 클라우드에 영원히 저장하였다

가슴이 뛰었다
주체할 수 없을 정도로
그 소리가 적막을 가득 채웠을 때
간절히 기도하였다
이제 공주가 무사를 지켜주세요

정원에 핀 꽃

자세히
보니

너무
예쁜 꽃이다

내
마
음
정원에 핀 꽃

후레지아

석양에 핀
후레지아

오랜만에
가만히 바라보니

그동안
세상의 화려함에 가려

예쁜 너를
몰라보았구나

사랑하면 속상하는 법

그대도 아픔이 있었군요
나만큼이나 많이 아팠군요

울지 말자고 해놓고서
돌아서서 울었지요

서로의 마음을 보듬어줄 수 있어
참 행복하다고 느꼈어요

흐르는 눈물을 그치게 할 수 없어
그저 닦아주기만 했어요

그렇게 맘에 들었다가도
내 맘 같지 않다고 당신을 힘들게 했군요

이렇게라도 숨을 쉬고 살아있으니
당신을 생각할 수 있어요

이젠 떠나가지 말아요
나도 힘이 든답니다

사랑하는 깊이만큼
속도 상하는 법이지요

모두 자신 같지 않으니까요
우리 힘을 내요

사랑니

앓던 이를 뽑았더니
고통은 사라졌는데
사랑도 사라졌네

아픔의 상처도 남았지만
그래도 시원하다네

이 모두가
사랑의 옹이이리라

세월이 가도
흔적에 담긴 사랑은 영원할거야

사랑한다는 것

틈만 나면 당신을 생각한다는 것
어젯밤 당신 꿈을 꾸었다는 것
바로 전화를 받지 않으면 불안한 것
주말을 같이 보내지 않으면 서운하다는 것

모두
당신을 사랑하고 있다는 것이다

진심을 다한다는 것
소중히 여긴다는 것

당신을 너무도 사랑하고 있다는 것이다

There may be a fairy living in my heart, in my eye, in my brain

사랑의 정의

20살 때
나는 사랑을
일생 동안 단 한 번,
단 한 사람에게서만
느끼는 감정이라 정의했다

그리고 30년이 지나서
나는 사랑을
일생 동안 단 한 번,
단 한 사람에게서만
느꼈던 감정은
좋은 사람을 만나면
다시 반복된다고 정의했다

소중한 사람

길을 걷다가도 문득 생각나는 사람
솔향 오솔길도 함께 걷고 싶은 사람
아무 말 하지 않아도 떠오르는 사람

하지만
혼자만의 생각이라는 사실을 알고부터

소중하게 생각하는 만큼
그리움만 묻어났습니다

그 사람
아마도 거기에 있을 거라는 생각에

내 앞에 서 있는 것조차도 모르고
지나칠 때가 있었습니다

그렇게도 가까이 있었다는 것을
떠난 후에 알게 되었습니다

행복한 사람

무엇을 해도 아름다운 사람
어떤 일을 해도 마다하지 않고
열심히 일만 할 뿐입니다

그래서 그런 그에게 물어 보았습니다
어렵지 않냐고
힘들지 않냐고
혹시 두렵지는 않냐고
그러나 한 번 눈을 맞추기만 할 뿐
웃으며 하던 일을 계속 했습니다

그에게서 느껴지는 모습은
자신의 일을 진정 열심히 한다는 것입니다
행복에 찬 모습이 전부였습니다
진정 행복을 아는 그런 사람이었습니다

내가 가면 길이 된다는
의미를 담고 있는 듯 했습니다
남들이 가지 않는 길을 택해
자신만의 행복한 길을
만들고 있는 것이었습니다

행복한 사람은
바로 당신이었습니다

순수한 영혼이 묻어나는 웃음으로
당신은 내게 다가왔습니다
지금 마주보고 있지는 않더라도
이렇게 눈을 감으니
그대가 또렷이 떠오르는 밤입니다

그대는 행복한 사람
내가 그리워하는 사람
아름다운 사람입니다

그리운 사람

오랜만에 가슴이 뛴다
그녀는 해맑고 이쁘기만 했다
나를 그리워하지도 않았다

어느 날 나를 불러 세웠다
애처로운 듯 나를 안아주었다
그렇게 가슴은 뛰게 되었다

먼 길 돌고 돌아
이제 힘들지도 아프지도 않다
하지만 그녀는 늘 힘들어했다
우리 사랑이 힘들기 때문이다

이제 나를 그리워하며 기다리고 있다
이제 내가 안아줄 차례가 되었다
이제 그리운 그녀를 데리러 가야한다

나를 그리워하는 만큼
그녀가 너무나 보고 싶은 저녁이다

밤하늘 별자리

그리워하다 지치면
그대 사진 한 번 보고

보고 싶어 하다가 힘들면
억지로 잠을 잔다
혹시 그대 꿈속에서라도 볼 수 있을까 싶어

멀리 있지 말아요
자꾸 눈물이 나잖아요

그럴 땐 밤하늘에 별자리를 그려요
우리의 마음을
그 자리에 놓아두고 싶어요

여운

당신과의 만남 뒤에는
늘 향기로운 잔향이 있습니다

하루가 채 지나가기 전에 벌써
그리움이 밀려드니 말입니다

이것이 사랑이겠지요
행복하니 말입니다

사랑은 정성을 다하는 것

가지런히 쌓아올린 돌처럼
바람에도 허물어지지 않게
서로가 정성으로 받쳐 주는 것

사랑은 발길이 멈춘 곳에
마음을 담아 또 올려놓지만
이왕이면 예쁘게 쌓아가는 것

수많은 돌중에서
저렇게 동그랗고 잘 어울리는
돌을 고르는 것도 정성인데
허물어지지 않게 쌓는 일은 득도하는 경지지

내 마음의 돌과
그대 마음의 돌이
하나가 되는 거니까

좋은 아침

매일 아침 6시
너에게 문자를 보낸다
좋은 아침~^^

문자를 받았을 너는
답이 없다
그래도 마음은 좋다

매일 매일이
좋은 날
좋은 아침인 것은
너 때문이란다

노랑으로 물든 아침

물 향기 산란하는 아침
호수에 소복이 내려앉은 물안개
여명의 노랑으로 물들었다

해바라기 숲 사이로 비친 그 사람
노랑이 무엇인지 알게 해준 그 사람이
오늘은 무척 그립다

달빛 스며든 그 자리
노랑 포스트잇에 남긴 한 마디
"사랑해요"

아침은 어김없이 오지만
오늘은 노랑으로 물들었다

가을비

아침 비가 나린다
후두둑 후두두둑
유리창에 부딪치는 소리에
준비 없이 너를 맞이했다

겨울로 가는 나그네는
초록의 역할을 다하고
노랗게 빨갛게 말라버린 가을을
부지런히 적시고 있다

봄 여름 가을 내내 풍만했던
자태를 모두 내어주고도 모자라
앙상하게 남은 알몸으로
동장군을 어찌 맞설까나

또다시 초록의 몽우리를 틔워내기 위해
긴긴 시간을 기다려야 한다
거스를 수 없는 이치를
이제라도 알게 되어 다행이다

아침 내내 비가 나린다
한 결 같이 아침 지으시던
어머니의 손길 떠나보냈던
빗소리만 크게 들린다

아침 단상

물기 머금은 흙바닥
군데군데 고인 물에
뿌연 하늘은 비치지 않네

가만히 내려앉은
색바랜 노란 잎을
바람에 날리지 않게
물기가 붙들고 있네

간밤 꿈속에서 만난 그 사람
유난히 떠오르는 아침
그 사람이 너무 보고 싶다

바람에 헝클어진 머리카락에 가려
행여 알아보지 못할까 두려워
오늘 아침에는 모자라도 꾸욱 눌러쓸까

메밀국수

그녀는 메밀국수를 좋아했다
담백한 메밀국수 같은 그녀
나는 그녀의 담백함이 좋았다

담백한 그녀가 내게로 다가왔다
낯선 길을 걸어도
익숙한 길을 걷는 듯하고

앉아서 커피를 마셔도
향이 날아가기도 전에
시간이 먼저 날아간다

배가 출출하니 무엇을 먹을까, 했더니
무엇을 먹느냐 보다
누구랑 먹느냐가 중요하다며

그녀가 고른 메뉴
메밀국수

사랑은 사격술

정확한 조준
빠른 격발이 필요한
사격

진심을 다해
격발해야 명중하는
사랑

날아가는 접시는
한 곳에서
기다려주지 않는 것처럼

잘 보이지 않는 사랑은
그곳에서
나를 기다려주지 않는다

사랑도 사격도 늘 어설프게
시작되어 어렵기만 하다

한 발의 명중으로
일등사수가 된 것처럼
처음 지어 보이는 천사의 미소

두 발의 명중으로
사랑은 커져만 간다

움직이는 과녁을 맞추는 것과
흔들리는 사랑을 잡는 것은
여간 어렵지 않다

그래서 사랑은
정조준과 격발 타이밍의 예술이다

사랑의 나침반

당신을 만나
인생 항로의 변침이 시작되었습니다

기적은 존재하는 법이었습니다
핀셋으로 모래알에 박힌
한 알을 집어내어
키맨이 되었습니다

함께하는 항해가 얼마나 소중한지
알아가고 있습니다
마음이 가는대로 변침하는 대로
행복한 항로가 되고 있습니다

강한 볕이 나도 좋고
바람이 불어도
비가 내려도
문제가 되지 않습니다

멀리 보이는 바다는 하늘에 거울이 되고
밤이면 검은 비로드 천에 흩뿌려 놓은 듯
보석이 눈부시게 반짝입니다

노를 저을 필요도 없이
살랑살랑 불어오는 바람으로
아름답고 행복한 항해를 합니다

망망대해를 가로지르는 마음은
사랑의 나침반

0°로 출발 하자마자
사랑을 향해 증속
230° 해방감으로 변침
60° 시원함으로 변침
다시 180° 외로움으로 변침
돌발 상황에 분노의 급정지가 있어도
또다시 0° 희망으로 변침 완료

믿을 수 없는 일들이 일어나고 있어
배 안을 외로움으로 가득 채웠더니
심안이 맑아지고
수평선 너머 신기루가 사라지고
그간 보이지 않던 기적이라는 등대가
보이기 시작했습니다

달린다는 것

달리고 싶을 때가 있습니다
답답해서 달리고
기뻐서 달립니다

달릴 때는 숨이 찬지도 잘 모릅니다
달릴 때는 아픈지도 잘 모릅니다

내딛는 발걸음이 무거운 것은
아픔이 아직 가시지 않았기 때문입니다

내딛는 발걸음이 가벼운 것은
사랑이 온전히 스며들었기 때문입니다

그대의 아름다움은 달릴 때
그토록 눈부신 가느다란 발목입니다

발목이 예쁘다고 말하는 것은
당신을 사랑한다는 것입니다

달린다는 것은
우리가 함께 달린다는 것은
아픔도 잘 느끼지 못한다는 것입니다

긴 하루

어제 오늘
긴 하루가 된 듯

하루가 멀다 하고
당신을 찾아대니

가만히 있어도
어디에 있는지

궁금하고 또 보고 싶다
이런 감정이 사랑이리라

그 사람
바로 내 사랑

꿈속에서도
늘 곁에 있을 내 사람

지금도 이렇게 보고 싶어서
긴 하루가 되었다

2부
여기서 행복을 찾자

그림 김미연

여행

사랑도 인생도 여행이다
낯선 곳, 익숙한 곳 모두

아무리 계획을 잘 짜도
그대로 되는 법은 없지만
싫지 않은 어긋남이다

아침저녁 쌀쌀함을 잊게 해주는
글루바인(Gluhwein) 한 잔을 떠올리며

오늘 아침도
노란색 온기로 시작한다

여기서
행복을 찾자

반구대 가세에서

동해를 수조에 담아 아쉬움 남기고 떠났네
물살 흔적 사라진 그 자리에 그리움 가득
너의 마지막 모습 아직 아프고 또 아리네
함께 했던 가버린 시간 찾게 해 주소서

기다림에 지쳐 그 자리 찾아가네
그리운 바다 맴돌다 맴돌다 돌아가네

어디로 떠났는지 너의 모습 찾을 수 없어
선바위 반구대 뭍이 되어버린 그 자리로
다시 돌아오라 간절하게 기도하였네
사무친 울음 그치고 우리를 용서하소서

기다림에 지쳐 그 자리 찾아가네
그리운 바다 맴돌다 맴돌다 돌아가네

태화강 물 맑아지니 강새우 날치 돌아와 반기고
반구대 가세에서 한숨 쉴 수 있게 되었네
아라비아 뱃길로 처용과 함께 돌아오리라
천 년의 그 약속 이제 지킬 수 있게 되었네

기다림에 지쳐 그 자리 찾아가네
그리운 바다 맴돌다 맴돌다 돌아가네

산중의 일출

적요한 달무리에 취하고
늘솔길 지나는 바람 소리에 홀려
당신 생각하기도 전에 잠이 들었어

산중에서 기다리는 일출은
그 시각을 쉬 가늠하지 못하고
언제나 저 능선이 붉어지나
여닫이 쪽문을 열어젖히며
마음만 바빠지기 시작했어

당신 생각이 나기도 전에 새벽녘
여명이 산 능선을 밝혀놓더니
천 가닥의 빛이 되어 어둠을 가르고
우주의 기운으로 솟아올랐어

기다림은 신묘한 운해로 변하여
속리산 문장대 포름한 능선 위에
아침 병풍을 좌르르 쳐놓았어

기대했던 찬란한 서광은
찾아오지 않았지만
솔향 가득 담아 당신을 맞이했어

고금도 청정굴

어디서 올라왔나 했더니
완도 옆 고금도라네

비릿한 청정수 머금고
뽀얗고 탱글한 속살 내음 흘리며
"나 싱싱하요"라고 외친다

알몸이 탱글하여 군침 흘리자
갯내음 가득 머금은 그녀들이
바다를 향하여 숨비를 토하네

보름과 그믐 사이 월력에
촉촉하고 교태스런 음기운이
미인 자태에도 통하였음이리라

별들이 꿈꾸는 그믐밤
그녀의 유혹을 안주로 한 잔 쳤더니
얼큰한 밤이 운다

소쩍새 우는 칠흑 같은 밤
비렁길 헛디뎌 낙상하지 않은 것도
월송대 충무공님 유허의 기운이
돌봐주신 것이리라

※ 비렁은 벼랑의 전라도 사투리
※ 월송대月松臺는 충무공이 노량해전에서 순국하자 선산이 있는 아산으로 운구하기 전 83일간 고금도古今島에서 가묘상태로 있었던 유허遺墟.

태봉 가는 길

셔블 벚꽃 봄비 되어 나리던 날
또 만나자고 춘자와 작별을 고하고
태봉의 옛 도읍에 입성하였더니
만개한 그녀 셔블 달리 맞이하네

적토마 내달리던 호기로움 간데없고
반도의 허리 잘려나간 상흔 속에
장렬하게 전사한 철마의 잔해에는
통일의 소망이 서려 삭아 내리네

농부 씨감자를 심는 산허리마다
오색찬란한 봄꽃들이 흐드러지고
드넓은 철원평야 황금빛 햇살에
때 이른 풍년가가 들리는 듯하네

황포돛배 들고나는 고석바위 양현에
주상절리 판상절리 한 상에 올려놓고
바위마다 오리산 용암주를 따르오니
석회현무암의 작가는 신인가 그대인가

한탄강 흐르는 물 영혼까지 맑게 하여
뱃길 농락하던 정령마저 얼씬 못하니
골 깊은 골짜기 굽이치는 물길 따라
알프스의 시원한 바람이 부는 듯하네

월하리 벽화마을 교회당 지나서
철원 향교 옛터 돌아 나와 펼쳐진
민통선 너머 울긋불긋 물든 백마고지
평강고원 안개 이불 속에서 잠들었네

상처는 칠순이 넘어도 아물지 못하고
소떼 몰고 고향 찾던 절절함이 그리울 뿐
더께로 응결 진 절망과 고립의 생채기를
한탄강 용암수로 우리 함께 씻어내세

비 나리는 애월

아침부터 비는 나리고
누군가 수풍석 섬의 운해로
열하의 수채화를 그려내고 있다

눈을 뜨니 나의 요정은 없다
겨우 하룻밤이 지났을 뿐인데
벌써 그녀의 섬섬옥수가 그리워진다

내가 사랑하는 꽃의 요정은
마음을 쓰고 쓰다 서운함이 몰려와
어젯밤 또 잠을 뒤척였을 것이다

비는 그치지 않고 더 나리고 있다
그녀의 눈물일까
내 마음에도 비가 나린다

영랑호

산과 호수, 바다가 만난 곳
높이 올라 내려다보니
달빛에 비친 호반,
호수를 노니는 달빛에 취하여
밤은 깊어만 가고

하얀 마수를 들이대는 파도도
첩첩이 겹친 짙고 엷은 산 능선도
떡하니 길목 지키는 울산바위도
모두 비추어내는 거울이다

신라 화랑, 영랑의 설화가 깃든
이 아름다운 풍광이
세파에 찌들어 기운 소진되는 심장에
힘을 더해준다

달빛, 호수, 그리고 사랑,
절절했던 호반의 옛 추억들을
일렁이는 캔버스에
한 폭 가득히 그려낸다

달맞이 고개

삶의 고단함도 잊게 해주는
그 사랑에 대한 중독
그리고 행복

스카이라운지
나뭇가지 옷걸이에 걸린 달빛의 기억이
오래도록 남을 달맞이 고개

고개 위에서 맞이했던 달과
고속도로에서 맞이했던 달은
너무도 달라 보였다

안목해변

커피 향으로
반갑게 맞이하는 아침
바람 부는 안목해변에서
오늘의 첫 기도

나의 사랑과 행복
지금 그대와 함께 하는 이 시간이
꿈이 아니길 간절히 바라오니

혹여 꿈이라면 깨어나지 않게 해 주소서

내원사 계곡

주말 아침
시외버스 터미널은
우주로 가는 플랫폼이다

완행버스표를 거머쥐고
행선지가 적힌
푯말을 찾는 설렘은
카운트다운의 시작이다

낯선 곳이든 익숙한 곳이든
여행은 언제나 설렘이 있다
차창 너머 산바람 콧바람
한적한 버스정류소에 내려

줄무늬 티셔츠에 청바지 입고
삐딱이 쓴 모자에 통기타 울러 메고
재잘거리며 오르내리던 계곡 길

텐트가 어느새 안식처가 되고
흐르는 계곡 물 떠다가
설익지 않게 밥 짓는 것은
늘 내 몫이었다

바지 밑단 말아 올려
아직 차가운 계곡물에
발 담그고 머리 담그다가
밥 탄내에 얼른 뛰쳐나왔다

인고의 세월 휘휘 돌아
다시 찾은 산사의 계곡
"그 새 물이 많이 말랐네"

천천히 걸으면
플랫폼에서 우주로 가는
물소리가 들린다고
계곡의 물소리에 흘려보낸 그 소원보다

낮은 담장의 한적한 산사
기왓장에 남긴 흔적이 절절했다

인제 스피디움

일출의 강렬한 햇살보다
머신의 굉음이 먼저
아침을 알리는 곳

머신의 강력한 엔진소리
스피드의 짜릿함을 감싸 안은
질주 욕구의 요새

자작나무 숲을 지나
소라계단을 따라 심장이 박동치는
사랑의 아트리움

힘과 스피드의 공식은
반비례 관계지만
여기서는 직선 비례의 관계

트랙을 돌아 빠져나가는
엔진의 힘과 소리는
사랑으로 채워진 심장을 요동치게 한다

소음으로 느껴졌던 소리가
겹겹이 산 병풍에 둘러싸여
행복의 소리로
메아리 되어 돌아온다

안목 커피거리

날씨가 시무룩해서일까
파도소리 유난히 크게 들린다

도심에서 찌든 온몸의 때를
해변의 상쾌한 공기로 씻어낸다

바닷가의 아침 풍경에
커피향이 입혀져 개운하다

네가 그리울 땐
안목해변 커피거리에서
커피 향을 맡으면 되겠다

보은 대추

고슬고슬한 자리가 채 마르기 전에
하늘 찡그려 촉촉이 비를 뿌렸고
때마침 큰 바람도 소식을 끊었다 하니

한낮의 한가로운 햇살의 여인과
훈풍의 벗이 찾아오니 너무도 반가워
겨우 자리 잡은 뿌리마저 들썩였다

새로 들인 봉계리 동주네 대추나무에도
봉비리 담벼락에 그린 육가네 대추나무에도
가을볕을 참지 못하고 주렁주렁 열어버렸네

올해는 누구네 대추 씨알이
젤로 굵을까?

그대 손에 한 알씩
내 손에는 세 알씩

입에 넣기도 바빠 훑고 남은 것은
달랑 대추씨 수북하게 쌓였네

그리운 용잠

어릴 적 모든 기억을 간직한 곳
그곳에 가고 싶다

어부들의 일터 해변도
농부들의 일터 논두렁 밭두렁도
봄꽃 피어나는 산내들 모두
철부지 아이들의 놀이터였다

멸치부터 고래까지 잡던 곳
태고의 유전자로 전수된
최고의 사냥 기술은 인간의 끝없는 욕망과
산업화의 물결에 삼켜져 사라졌다

순박한 용잠 사람들
뿔뿔이 흩어져 실향민이 되었지만
우주인들이 나타난 부락을 그리워했다

용잠 사람들
하루의 시작은
동이 트기도 전에
물 본 고깃배가 들어오길 기다리는 것이다

누구 배가 먼저 들어오나
밤새 출출해진 허기는 새벽공기로 채웠다

봄날은 갔다
온정과 사랑으로 차오르던
그리운 나의 고향 용잠
마음은 아직도 봄날이다

길상화

잎이 먼저 나와
잎이 질 때 꽃대를 세워
꽃과 잎이 만나지 못하는 인연

팔월의 그 사람처럼
땡볕에도 꼿꼿이 꽃을 피워
잎을 만나지 못했어도
나타샤는 올 것이다

백석과 길상화의
이룰 수 없었던 사랑은
맑고 향기롭게 서로 그리워하며
나타샤가 돌아오기를 기도하였느니

공작단풍 아래 선재동자의 마음처럼
관음보살, 마리아의 처연한 눈빛처럼
삼라만상의 애틋함을 모두 담아
잎이 없어도 꽃을 피워 내리라

연인이여 연인이여
처절한 그리움으로 만개하여
마침내 참사랑을 이루소서

눈 나리는 겨울날에는
나의 나타샤도 돌아올 것이니
우리의 사랑도 만개할 것이다

※ 선재 : 화엄경에 나오는 동자의 이름.
　　　　　깨달음을 향해 동자의 마음처럼 수행하라는 의미가
　　　　　담겨 있음.

보리암

꽃비 나리던 봄
등용문의 의미를 되새기며
동백 꽃숭어리 떨구던 길을 올라
그렇게 간절히 소원을 빌었다

일렁이는 바다 위로 내민 손
잡지도 잡아주지 못하고
나성으로 떠나며 던진
아이다의 암시를 이제 알게 되었다

오래오래 간직할 기억으로 남을지라도
소망했던 일 모두 이루어지기를 기도하며
만선이든 빈 배든
부두에 배 들어서기를 기다린다

공산성

검단산 제를 올려 지켜내던 하남 위례
오백 년 꿈 마을, 흙 둘레 길 뒤로하고
광나루 한수에 눈물 채워 노를 저었네

백마강 뱃길 따라 고마나루 지나
공산성 쌍수 아래서 한숨 돌리세나
토성이 가파르니 천혜의 요새일세

강 너머 양지바른 능선의 쉼터에도
무령왕의 못다 이룬 백제의 애환
알알이 맺혀 정안밤 옥광밤 되었는가

마지막을 알았을까
계백의 결연한 충정 서린 황산벌에서
성문 나서는 군왕의 고심 어린 발길에서

낙화암 꽃잎
아직도 붉게 어리는 것은
애민의 정이었다

해무

소매물도 가는 길에 만난
첫 번째 섬, 한산도

거북등대 지나고
한산섬 달 밝은 수루를 지나

이름 모를 섬 뒤로
해무가 시작되었다

자욱한 안개 속을 뚫고
다시 나타난 비진도

공깃돌 뿌려놓은 듯
바다 카페트와 구름 브라인드가
점점이 내려앉아 있네

더 짙고 더 옅음으로
바다와 하늘을 구분하였고

눈 꽃송이 뭉게구름으로
작품을 마무리하였네

태하마을

우산국 입국의 첫 발길은
옛 도읍 태하마을
성하신당에 내리자
노을은 땅거미를 줍고 있네

바람을 기다리던 비렁에서
일 필치로 그려놓은 북 해안선은
누구의 작품이런가

해안절벽 어딘가에 있을 둥지에
부지런히 물어다 나르는 갈매기들
등대 위에 말린 청동 오징어가
풍어 만선을 기원하네

섭과 멍게 향이 채 가시기도 전에
아홉 가지 맛 황토에 뿌리 내린
향나무의 향이 천 리 길을 떠나네

태풍이 쓸고 간 해안가
다행히 마을 골목마다
벽화는 온전하게 남았네

제주살이

내가 죽는다면
남은 시간 무엇을 할까 해서
제주에서 시간을 보내기로 했다

표선의 바다는 바람이 좋았다
검은 돌 위에 세워진 등대도 있고
수심이 낮은 해수욕장이 있어서
당분간 지내기에 적당했다

물질 마친 할머니 해녀가 따온
미역으로 초무침을 하고
소라, 고동을 삶아 전복을 대신하고
텃밭에서 찬바람 맞고 견딘 무를 뽑아
채 썰고 나니 횟집이 되었다

아침이면 올레길을 걸었고
지쳐 낮잠이라도 자다가
볕이 따스하게 비추면
남원의 귤밭으로 달려갔다

노지에서 골라 따먹는 귤맛
갈증을 벗어나게 하는 시원한 물맛보다
더한 맛이었다

며칠째 누렁이는 해변도로를 걷고 있다
누군가를 찾고 있는 것이다
자신을 버린 주인이거나
차에 치여 먼저 별나라 간 새끼거나

옴박해변

내가 꿈꾸었던 카리브 해변에
아직 가보지 못했다

우연히 들렸던 옴박해변
"파라다이스는 이런 거였구나"

하늘과 바다가 구분되지 않는 맑은 캔버스에
보트가 지나간 흔적은 금새 없어지지 않았다

끝없이 펼쳐진 모래정원을 걷다가 누웠더니
솜사탕의 폭신함으로 잠이 들었다

깨어보니 누군가 태평양과 인도양의 물을 섞어
천국의 청정수로 만들어 놓았다

야자수 그늘 아래 그네가 있고
그네를 타며 사랑을 나누는 청춘들이 있다

그들에게 옴박해변은 파라다이스였다
나의 파라다이스이기도 하다

테이블로 가져온 열대과일 주스는
그들의 사랑만큼이나 진하다

이제 카리브 해변을 가지 않아도 될 것 같다
난 피안의 세계, 신세계를 찾았다

빅토리아의 윤슬

캄팔라에서 본 흑진주를
나는 기억하지 못했다

달빛 없는 캄캄한 밤하늘은
무대의 배경이 되어 흑색의 진주를
통째로 삼켜 버렸다

하루 이틀 사흘 그리고 하루가 더 지나서
나는 구분할 수 있게 되었다
닷새가 지나고 이레가 지나서
다시 본 흑진주

해맑은 웃음을 곁들인
리버나일 맥주 한 잔에 비친 모습들이
빅토리아 호숫가에서
윤슬로 반짝이고 있었다

* 캄팔라 : 우간다의 수도
* 리버나일 맥주 : 아프리카산 나일강 맥주

나일강 발원지

6,700 킬로미터를 관통하여
지중해로 빠져나가는 물길이여

너를 나일강이라는 이름으로
사회과 부도에서 처음 만났다

대항해시대 희망봉을 돌아
인고의 세월 수난 봉이 되었어도
유유히 흐르는 물길은 세월의 흐름이라

나일강 발원지 진자에서 만났던 간디
여기가 그의 고향이었던가
인도였던가

적도의 열기만큼이나 후끈한 열정의 흑기사들
전념하는 눈빛을 타고 땀방울이 떨어진다

빛바랜 태극기 달린 모자를 눌러 쓴
흑진주의 뒤태는 잊을 수가 없다

세랭게티

케냐 우간다 탄자니아의 삼각지
그 초원의 주인은 따로 있었다

그곳은 자연의 섭리를 따르는 이들의
안식처이자 일터이자 전장이자 무덤이었다

약육강식의 법칙이
이보다 엄격하게 적용되려나

경계심 쫑긋 세우고 풀만 뜯는 무리와
기회만 노리는 굶주린 무리 사이의 팽팽한 긴장감

간절하지 않으면 최선을 다하지 않으면
작은 것 하나 구하지 못하는 이치는
인간사와 별반 다를 바가 없다

저 너머 킬리만자로 산기슭에서
하이에나 무리가 내려올 듯해도
어디선가 커피콩 볶는 냄새가 나는 듯하여

캄팔라 나이로비 어디를 돌아보아도
항해사 스타벅은 보이지 않았다
여기서는 스타벅이 생존하지 못한 걸까?

카오슝의 아침

간밤에 들었던 목소리
여운이 이어져
눈을 뜨니 여전히 그 꽃

창밖에는 비가 내리고
어김없이 행운이 다가오고
이젠 축복이 내릴 겁니다

크리스마스 지나고
석가탄신일이 기다려지는 이유가
또 한 번 생각나는 남국의 아침

커피향이 유난히 그리운
카오슝의 비 나리는 아침

그대는
내 마음의 보석

지중해로 가는 기차

짧았지만
행복했던 시간이었다

기차는 어김없이
8시에 떠났다

연착이라도 되기 바랬지만
야속하기만 했다

점점 멀어져가는 기차는
시야에서 사라져갔다

심장 뛰는 소리가
이렇게 크게 들린 적이 없었다

3부

인생 총량의 법칙

달아나는 시간

가진 것 없이
쓸데없이 많은 시간을 버렸다

시간이 없다고 재촉하니
사랑도 시간이 없다고 달아나려 한다

효도할 시간도 얼마 남지 않았다
망울 맺힌 목련, 꽃필 때까지
기다릴 여유도 없다

걷다가 문득 한가로워지는 여유도
망중한을 느낄만한 서정도
시간마저도 부족하다

그대여 가지 마오
그대와 행복하게 사용할 시간만큼은
달항아리에 틈틈이 챙겨놨으니
부디 가지 마오

눈을 감으면 향이 더 짙어지는 이유

아팠던 내가 커피를 좋아해서
커피 향이 있는 사람을 좋아하게 되었다

향기로운 대화가 있어
커피를 함께 마시고 싶은 사람
시간이 지나도 사라지지 않는 향이 있다
눈을 감으니 향이 더 짙게 다가온다

그 사람이 나를 변함없이 지켜주고 있다
힘겨워하는 나의 연인
이제 내가 이 사람을 꼬옥 안아주어야 한다

사그라지지 않을 듯 기세등등한 불볕더위도
절기 변화 앞에서는 그 기력을 다한다
한 치의 오차나 틈도 보이지 않으니
인간이 자연에 순응해야 하는 이치이기도 하겠다

여기를 나서 청계산 바라보이는
나의 서재로 돌아간다
매일 아침 커피를 마실 수 있으리라

향이 있는 커피를 마시며 시를 쓸 수 있으리라
눈을 감으면 향이 더 짙어지는 이유는
내가 그대를 사랑하고 그리워하기 때문이다

인생 총량의 법칙

힘든 날 눈을 뜨니
살아 있다는 것을 알았고
떠나보내는 것이 그렇게 두렵지 않고
쉽지도 않다는 것을 알게 되었네

삶의 고통이 엄습하는 순간
그렇게 달래고 속을 끓여도
고통은 없어지지 않고
다만 견딜 수 있게 될 뿐이네

살아온 세월을 그 누구도
알아주지 않더라도
삶의 흔적은 씨앗으로 남아
마음 한구석에서 싹을 틔우네

측은지심이 자라나서
정성껏 기름진 거름을 뿌렸지만
늘 나의 기대치보다
튼실한 과실을 주지 않았네

야속하기도 하고
배신감이 들어 서운하기도 했지만
스스로 내려놓고 비우는데
고뇌의 시간이 필요했었다네

바위는 모진 풍파를 견디며
깨지고 닳아 둥근 자갈로 굴러서
하구 삼각주에 이르러서는
보드라운 은빛 모래가 된다네

이제 헤어 나와 들여다보니
이곳에서 얻은 것들이
저곳에 쓰임을 알게 되었고
인생 총량이 있음을 알게 되었네

내가 은사적으로 베풀어
누군가가 그것을 얻어 기쁨이 있다면
나에게 베풀었던 누군가의 호의가
다시 전해지는 것을 알게 되었네

그 쓰임새가 지금은 없더라도
우리는 슬퍼하지 말자
언젠가는 희망으로 돌아오리라

우전차

처음 세상 밖으로 나온 가녀린 그녀
바람이 셀까 비가 쏟아질까
갓난아기 배냇저고리에 감싼 듯이
한 번 쓰다듬기조차 조심스럽다네

지나가던 바람이 얘기하네
"갸도 바람 탔데이"

그녀는 봄비 나리는 날
우산도 없이 길을 나서서
흠씬 젖은 금지옥엽을
몇 번이고 말린다네

"고마 덖어라"
그녀의 말에 가녀린 몸은 바싹 말라
바스러질 지경에 이르러서야
고운체가 그녀를 맞이하네

그녀의 청초한 자태는 열반에 들었으나
그 향은 마이야르의 조화로 완성되었고
그녀가 향한 다완 속 심연의 빛깔은
상감 청자의 은은한 비색에 견줄만하다네

대정의 외롭고 세찬 바람을 견디시랴
추사에게 보낸 초의선사의 죽심竹心은
차벼루에 서려 차수를 누리시네

세한도 오두막에서 세작의 향과 빛깔에 취하고
산미, 고미, 삽미가 더해 감미마저 따르니
상선약수上善若水의 넋을 그득히 채우시네

※ 우전차雨前茶 : 24절기 중 하나인 곡우穀雨 전에 찻잎을 따서 만든 차
※ 차수茶壽 : 108세를 이름
※ 차 벼루 : 제주 오설록에 있는 티스톤을 의미하며 영어로 차를 뜻하는 Tee와 벼루를 뜻하는 Ink Stone의 합성어
※ 세한도歲寒圖 : 조선 후기 秋史 김정희가 제주도 유배시절에 그린 그의 최고 걸작(국보 180호)
※ 차의 4대 맛 : 산미(신맛), 고미(쓴맛), 삽미(떫은맛), 감미(단맛)

벗과 노동주

이 술은
고된 하루의 쉼을 주는
노동주다

안주는
쉼을 주는 노동주의
벗이다

내게도
안주 이상의 매력적인
벗이 있다

나의 벗은
기쁠 때나 힘들 때도
변함없이 늘 함께 잔을 기울인다

술과 도자기와 사람

도수 높은 술이 좋다는 것은
인고의 시간 증기 되어 맺힌 방울방울 떨어지는
고순도의 증류수를 모아 놓았기 때문에
마시면 쉬이 취하고 숙취가 없는 것이지

높은 온도로 구워낸 도자기가 좋다는 것은
도공의 정성으로 가마의 불길이 좋을수록
깨질지언정 탁도가 맑아지기 때문에
빛깔 고운 도자기가 되는 것이지

실패를 딛고 일어나본 사람이 좋다는 것은
인생 총량의 법칙을 깨달아 매사 처연해지고
말하기도 전에 나를 알아주기 때문에
심히 훌륭한 사람이 되는 것이지

술과 도자기와 사람
모두 숙성의 시간을 거쳐 만들어지는 것이지

꽃이 핀다는 것

피어 있는 꽃이 아름다운 것은
스스로 피워냈기 때문이다

아름답게 핀 어떤 꽃일지라도
그리 쉽게 피어나지 못하였으리라

사는 것도 고통이고
죽는 것도 고통이다

살아가는 것은 너의 것이요
살아내는 힘도 온전히 너의 것이다

살갗을 파고드는 엄혹한 추위에도
몽우리 틔워내야 할 숙명을 가진 너는
그리도 힘들게 피어나야 했었지

네가 그렇게 견디어 낸 시간을 안다
네가 그렇게 피우려다 말라버린
수많은 잎새의 아픔을 나는 기억하노니

힘들어도 피어나거라
꼭 피어나야 한다

그리해야 내가 내민 손을 잡을 수 있다
간절한 너의 손을 잡아주리라

고통스럽게 스스로 피워냈기에
그대가 아름다운 것이다

상처

헤어지고 생긴 상처가 아물기 위해서
믿을 수 없는 사랑이 찾아와야
그 상처를 아물게 한다오

이제 온 힘을 다해 사랑할 수 있습니다
비록 이루지지 않더라도 사랑할 수 있다오

시간이 지나도 문득 상처에 눈물이 배어있어서
지나간 기억이 눈물이 되어서
다시 상처가 된다오

살다 보면, 그저 기다리다 보면
상처의 파동들은 강물에 떠내려가고
상처는 옹이가 되어 단단해지게 된다오

숙성의 시간

이제 쉽게 만들 수 있는 희석주는 먹지 맙시다
오랜 기간 숙성의 기간을 거친
순도 높은 술을 마십시다

그 맛을 알기 위해서
쉽게 뚜껑을 열어버리는 우를 범하지 말고
술이 잘 익을 때까지 조금만 기다립시다

기다림에 대한 후회는 없을 겁니다
숙성의 시간은 기다림의 시간입니다
서로의 마음을 더 많이 전할 수 있습니다

향수병

고향을 그리워하는 향수鄕愁
그녀가 뿌리는 얄궂은 분 냄새 향수香水

분명, 이 두 가지 향수는
내 마음을 움직이게 하는데

이 마법의 향수병에
내 마음과 고향과 그대를 담았네요

동행

당신이 가진 사랑을 다 주면
당신만을 따르지요

즈려 밟을 수 없는 길이라면
내 앞에 세상은 없다고 생각하고

당신이 가면 길이 된다는 것을
당신을 만나서 알게 되었어요

당신의 뜨거운 눈물을 기억해요
순수, 그리고 깊이를 알 수 없는
당신의 그윽한 눈동자를 보았습니다

저에게
더 무엇이 부족하겠습니까

강 건너기

몸이 가벼우면 상쾌하다
항상 가볍게 사는 것이 좋다고 생각했다

인생이란 강을 건너야한다
"언제 강을 건너지?"

얕고 물살이 약할 땐
아무런 문제가 되지 않지만
물살이 세찰수록 문제가 생긴다

때로는 삶의 무거운 몸과 마음이
선택의 흔들림 없이 중심을 잡아
인생의 강을 무사하게 건너게 해 준다

이젠 무거운 것이 나쁘다고 생각하지 말자
좋을 때도 있다고 생각하자
인생이란 긴 강을 무사히 건너보기로 하자

소금

불볕더위 속
뺨을 타고 흘러내리는
땀방울 속의 너는
일상의 수고로움이다

잠시 빠져나간 자리에
네가 필요했는지
너처럼 짠 점 하나 딸랑 얻으러
한낮을 헤매고 다닌다

그나마 모양새 비슷한
순둥이만 모여서 비를 탓한다
비는 갱물 들이키던 시절
짠맛이 무엇인지도 모른다

갑작스레 퍼붓던 장대비가 멈추더니
쌍무지개가 도시 전체에 지붕을 쳤다
이런 날은 네가 필요치 않다
맑게 비친 하늘이 맹물처럼 투명하다

* 갱물 : 바닷물의 경상도 방언

병실에서

나의 일상은
매일 달리 펼쳐내는
관악산 청계산 자락
운해를 밑그림으로
수만 가닥의 아침 햇살이 그려내는
채색 작업으로 시작된다

여명의 시간 우주만물의 기운을 받아
중수에도 못 미치는 필치지만
백석과 만해를 흠모하여
펜을 드는 것이 하루의 시작이다

심한 충격으로 병실에 누워 지내는 나날들
귓속을 파고드는 모터 돌아가는 소리에
멍하니 시작되는 병실의 아침
반고리관은 이미 지쳐있는지도 모른다

병실 밖은 비 나리는 어둑한 아침
건강 상태는 노란 불에 머물러 있다
초록 불로 바뀌어야 하는데
욕심이 늘 가로막는다

시간은
속절없이 자꾸만 간다

비는 행운

그 여름 유난히도 퍼붓던 장맛비에
우산은 비에 젖어 드는 어깨를
막아주지 못했다

바람 부는 방향으로 우산을 돌려도
온몸을 적시는 비를 막지 못하고
걸을 수밖에 없었다

장맛비가 얼굴을 덮을지라도
흐르는 눈물은 온기로
느낄 수 있었다

닦아도 닦아도 그칠 줄 모르는 눈물
세찬 장맛비에 섞인 빗물과 눈물의
첫 만남이었다

기다림에 꽃잎이 시든 사이
요정이 시든 잎사귀 몇 닢 떼어내니
죽어가던 살이 돋아난다

땀방울이 흘린 눈물을 대신하고
이제 우산은 필요 없다
나에게 비는 행운이다

축복의 눈꽃송이

또 한 해가 가네
또 한 살을 먹네
또 만나자 작별을 고하는
인사를 나누었네

눈 나리는 크리스마스
사랑의 메리 크리스마스
목 긴 사슴이 끈다는 썰매에서
오랜만에 크리스마스 메들리가 흐르고
따스한 난로 옆 창가에 앉아
눈 나리는 거리를 바라보았다

그때는 동화 속 성냥팔이 소녀처럼
가난해서 더 춥고 움츠려든 사람이 서 있었다
지금은 그 사람 그 자리에서
사랑과 기쁨의 선물을 나누고 있다

내가 사랑하는 사람이
산타가 되어 선물을 전해준다
눈이 소복이 쌓인 골목에는
축복의 눈꽃이 흐드러졌다

변하는 세상

안개 사이로 일출이 시작된다
기온이 뚝 떨어진 이른 아침

저렇게 연하게 비치는 햇살도
한낮에는 온 세상을 뜨겁게 달구어 놓겠지

변하는 것이 어찌 햇살만이겠는가
우리의 마음도 시시각각 변하는데

먼 길 한달음에 갈 듯 한때도 있었는데
고향길 멀어 보일 때도 있구나

이제라도 소리 내어 울고 싶다

봄이 오는가 싶더니
한여름이고 이내 가을이라네

제비 울던 처마 밑에서
사계절 나려더니 아무도
기다려주지 않네

먼저 발걸음 재촉하시던
아버지의 당당하신 모습이 자꾸 떠오른다
얼마나 고단하신 삶이었을까!

여위고 백발 무성한 어머니
아들도 못 알아볼까 봐 두렵기만 하다
세월은 기다려주지 않고 흘러만 가는구나
이제라도 소리 내어 울고 싶다네

팔찌

내
손목에

그대
손목에

팔찌
감겼네

그리고
팔찌 감긴 손을 내민다

사랑은
이런 거라고

4부
아쉬움으로 채운 행복

파도의 울음소리

아직도 귓가를 타고 넘는 파도 소리
지금도 내 가슴에 밀려오는데

그 겨울 어느 날
중력 임계선을 타고 넘는 하얀 포말
소리만큼이나 끝없이 이어지면서
수많은 사연을 감싸 안고 사라진다

이제는 도심에서 그리워할
어디로 가는지 알 수 없는
갯내음 묻은 삭풍만이 지나간다

우리가 함께 들었던
그 겨울 바다 파도 소리
흔적 없이 떠난 그 자리에
긴 여운만이 남았다

아직 내 귓가에는
모래톱에 아픈 흔적들 쓸어가는
파도의 울음소리 들리는데

지금 헤어지는 중인가요

불현 듯 날아든 소식
말간 하늘은 순식간에
먹구름으로 가득 메워졌습니다

이내 폭우가 쏟아질 것처럼
내 마음에도 비가 내렸습니다

고뇌의 담배연기를 뿜어내며
불안하고 안타까운 시간을 보내야 했습니다

우산을 가지러 가야 할지
비가 그치기를 기다려야 할지
어떻게 해야 할지
점점 아무 일도 못 하는
무능한 사람으로 되어가고 있었습니다

어느 봄날이 생각났습니다
들녘으로 난 오솔길을 걷다가
웃자란 억새꽃 사이로 비친 노을의 온기가
얼마나 따사로웠는지 모릅니다

그리고 또 다른 날
근사하게 와인을 마시려고 열어젖힌
코르크 마개 너머 붉은빛 감도는
새벽 기운의 향배인 것이 떠올랐습니다

아직도 내리는 비
비는 내게 늘 행운을 가져다주었던
기억을 떠올리며
어질러진 마음을 정리하였습니다

지금껏 함께했던 기억들이 아련하고
생각한 것보다 더 좋은 시간을 보냈다는 것을
알게 되었을 때
그리고 서로를 보내줄 수 있을 만큼
사랑하지 못했다는 사실도 알게 되었습니다

비록
우리가 헤어지는 중일지라도

외출

잘 자요 아프지 말아요
내가 해줄 수 있는 말이 이것밖에 없어요
오랜만에 외출할 수 있게 해줘서 고마워요

짧은 시간 행복했습니다
영원할 것 같은 시간이 오지 않네요

귓속으로 지나던 바람이 당신이라 전해주네요
하마터면 모르고 여기를 떠날 뻔, 했습니다

아직도 환청처럼 들려오는
"뭐라냐?"
아련히 맴돌 뿐입니다

그리움에서 아쉬움으로

그리움을 한 장씩 넘겨볼 때
여름 지나 가을이 왔다

이렇게 무성한 잎사귀도
이내 낙엽으로 떨어지고 나면
추억 한 장이 늘어가겠지

너는 내 마음도 모른 채
단풍 옷으로 갈아입고
바람에 나뒹구는 나그네 되었다

그리움이 작별 인사하기도 전에
아쉬움이 그 사이에 찾아들었다

마침내 찾아온 행복

스침과 만남 사이를
구분 짓고자 할 때까지만 해도
당신을 알아보지 못했습니다

감춰진 듯
당신의 매력은
참 오묘합니다

여행하는 것처럼 설레입니다
이런 행복이 제게 찾아왔군요
당신으로부터

행복 증명서

이런 생각이 듭니다
끌림일까 사랑일까

이런 생각을 나눌 수 있는
당신이 있어서 행복합니다

내가 행복하다는 것은
당신이 행복해하고 있다는 사실이
증명하고 있습니다

사랑이 시작되는 날

좋은 날
눈물이 흐르는 이유는
마지막을 알기 때문일 겁니다

마음을 다해도 이루어지지 않는 것은
부족해서가 아니라
모르기 때문일 겁니다

이제까지 몰랐다 해도
진심을 다했으므로 행복할 겁니다
사랑은 늘 원하는 대로
이루어지지 않으니까요

그래도 좋았던 날들이
너무 그리워
다시 사랑이 시작될지도 모르겠습니다

보물

비는 행운

눈은 축복

그대는 나의 보물

나에게 보낸 미소

아무도 몰랐던 당신의 진실한 미소
떠나고 나서 알게 되었어요

지치고 지쳐서 힘들 때
억지로 버티지 말아요

그냥 손을 내밀어요
우리는 사랑하니까

내민 손을 외면하면
다시는 손을 내밀 수 없어요

나른한 오후에 보낸 당신의 미소
그 흔적에 후회가 남았어요

당신이 떠오르는 것은
사랑하기 때문일 겁니다

진정한 사랑이 있어서
행복을 지켜낼 수 있어요

나에게 보낸 미소
그 의미를 알아차릴 때쯤
당신은 고단함에서 벗어났군요

꿈

누가 시키지도 않았는데
이렇게 많이 흔들었네요

중형을 무릅쓰고
달립니다

죄가 된다면
그 큰 벌을 내리시고

그렇지 않으시다면
죄를 사하시어

당신 꿈을
꾸게 하소서

눈을 꼭 감아봐요

당신이 보고 싶어 기다리다
눈을 감으니 당신이 보입니다

가만히 있어도 커피 향이 나는 이유는
아마도 사진에 비친 모습처럼
당신과 함께 한 시간
공간의 기억이
연상되기 때문일 겁니다

내가 그리울 땐
눈을 꼭 감아 봐요

사랑, 여름 가을 겨울 그리고 봄

볕이 따갑게 내려 쪼이는
한 여름날 함께 떠났다

누렇게 변한 들녘
낙엽 되어 떨어지는 가을날
혼자 돌아왔다

눈 쌓여 움직이지도 못하는 겨울날
함께 그리워했다

야생화 화사하게 꽃 피는 봄날
함께 길을 걸었다

첫 만남이나 헤어질 때나
그녀는 언제나 그 자리에 있었다

사랑은 그렇게 묻어 있는 것이다
사랑은 저렇게 배어 있는 것이다
사랑은 이렇게 눈물 나는 것이다
사랑은 서로 울게 만드는 것이다

벚꽃 봄비 되어 나릴 때

봄,
너의 이름을
귓속말로 소곤거리다가

볕,
너의 따사로움으로
맺힌 몽우리
작은 잎으로 틔워내다가

바람,
기별 없이 어느새 찾아와
봄볕에 비가 나린다
벚꽃 봄비 되어 나린다

우드볼, 우정의 메신저

운해 아래 햇살 한 가닥마저
예를 갖추고 시작하는 아침

허공으로 떠나보낸
열정의 벗은 초록 길을 따라
쪽문을 열어젖히고 우리를 맞이하네

기차는 8시에 떠났지만
그가 남긴 열정의 초록 길은
우정을 알게 했고 행복을 주었다네

우리는 매일매일
그가 남긴 나무 벗과 담소하며
열정의 초록 길을 걷는다네

가난해도 만날 수 있고
나이가 들어도 만날 수 있고
가족이 함께 만날 수 있어
나는 그대를 사랑한다네

그는 우리가 열정의 초록 길을 걸으며
여가생활을 풍요롭게
건강한 삶을 누리기를 소망했네

그는 떠났지만
그를 따르는 우드볼 친구들은
영원히 그와 함께할 것이네

우드볼은 우리들의 영원한
우정의 메신저라네

Woodball, Messenger of Friendship

Even a single ray of sunlight
under the sea of clouds
be polite morning to start

We sent off to the empty sky
Along the green path with the red friends,
he opened the gate and greeted us

The train left at 8
But he left behind the green path and red light
made us aware of friendship, gave us happiness

Every day we chatting with the wood friends
he left behind walk the green path

Even if you are poor, you can meet
Even if we are old, we can meet
All family can meet together

I love woodball
And I really miss the President Weng
who made woodball

He always wanted
we have an eco-friendly green spirit
and playing woodball
It will enable you to live a healthy life
and enrich our leisure life

Even though he left,
All Woodball friends will be with him forever

Woodball is the messenger
of our eternal friendship

한용운문학상 수상시인

인생 총량의 법칙

이상욱 서정시집

발행일 _ 2022년 5월 16일
발행인 _ 이정록
발행처 _ 도서출판 샘문
저 자 _ 이상욱
감 수 _ 이정록
기 획 _ 신정하
편집디자인 _ 신순옥
인 쇄 _ 도서출판 샘문
주 소 _ 서울특별시 중랑구 동일로 101길 56, 3층(면목동, 삼포빌딩)
전화번호 _ 02-491-0060 / 02-491-0096
팩스번호 _ 02-491-0040
이메일 _ rok9539@daum.net / saemteonews@naver.com
홈페이지 _ www.saemmoon.co.kr (사단법인 문학그룹 샘문)
          www.saemmoonnews.co.kr (샘문뉴스)
출판사등록 _ 제2019-26호
사업자등록증 등록 _ 113-82-76122
샘문사이버교육원 (온라인 원격)-교육부인가 공식교육기관 _ 제320193122호
샘문평생교육원 (오프라인)-교육부인가 공식교육기관 _ 제320203133호
샘문뉴스 등록번호 _ 서울, 아52256
ISBN _ 979-11-91111-34-7

본 시집의 구성은 작가의 의도에 따랐습니다.
이 책의 저작권은 저자와 도서출판 샘문에 있습니다.
무단 전재 및 표절, 복제를 금합니다.

파손된 책은 구입처에서 교환해 드립니다.
본지는 한국간행물 윤리위원회 윤리강령 및 실천요강을 준수합니다.

도서출간 안내

도서출판 **샘문** 에서는

시인님, 작가님들의 개인 〈시집〉 및 〈수필집〉, 〈소설집〉 등을 만들어 드립니다.
시집(시, 동시, 시조), 수필집, 소설집(단편, 중편, 장편), 콩트집, 평론집, 희곡집(시나리오), 동요, 동화집, 칼럼집 등 다양한 장르의 출판을 원하시는 분은 언제든지 당 문학사 출판부에 문의해 주시기 바랍니다.
좋은 책을 만들어 드리기 위해 최선의 노력을 다하겠습니다.

빅뉴스

필명이 샘터인 이정록시인 (아호 : 지율, 승목)이 2020년 7월 31일 재발행한 「산책로에서 만난 사랑」이 오프라인 서점, 온라인 서점, 오픈마켓에서 절찬리에 발매 되었으며, 특히 교보문고 에서는 1년간 베스트셀러를 기록하였으며, 현재 스테디셀러를 지속하고 있습니다.
샘문 시선집으로 유수에 로펌 출판사와 저명 시인들을 제치고 베스트셀러를 기록한 후 스테디셀러 행진 중이며 교보문고 「골든존」에 등극한 것은 샘문 시선집의 브랜드력과 당 문학사 대표 시인인 이정록 시인의 저명성과 주지성이 독자 확보력이 최선임이 증명 된 사례입니다.
또한 네이버에서 〈판매순위〉, 〈평점순위〉, 〈가격순위〉를 교보문고 등에서 1위를 지속하고 있는 시집을 네이버에서 전국서점을 모니터링 한 후 베스트셀러로 선정하였고, 이어 원형에 붉은색 사인(sign) 낙관을 찍어 줬습니다. 그 후 서창원 시인의 〈포에 트리 파라다이스〉가 베스트셀러로 선정되었으며 강성화 시인, 박동희 시인, 김영운시인, 남미숙시인, 최성학시인, 서창원시인 시집이 또 베스트셀러로 선정 되었습니다.
그 이후 이정록 시인에 후속 신간 시집 〈내가 꽃을 사랑하는 이유〉와 〈양눈박이 울프〉, 〈꽃이 바람에게〉신간 시집이 3개월 째 베스트셀러(교보문고) 행진을 지속하며, 3쇄를 완판하고 현재 「골든존」에 등극하여 현재 전시 중 입니다.
그리고 뒤를 이어 이동춘시집〈춘녀의 마법〉과 정완식 소설〈바람의 제국〉이 네이버, 교보문고 선정 베스트셀러에 선정되고 4쇄 판매 중입니다.

샘문특전

교보문고, 영풍문고, 인터파크, 알라딘, 예스24, 11번가, GS Shop, 쿠팡, 위메프, G마켓, 옥션, 하프 클럽, 샘문쇼핑몰, 네이버 책 등 주요 오프라인, 온라인, 오픈마켓 서점 및 쇼핑몰에 공급하고 있습니다.
기획, 교정, 편집, 디자인에 최고의 시인(문학박사) 및 작가 등 전문가들이 참여하여 감성이 살아있는 시집, 수필집, 소설집을 만들어 드립니다. 인쇄, 제본 용지를 품질 좋은 우수한 것만 사용합니다.
당 문학사 컨버전스 감성시집과 샘터문학신문, 홈페이지, 샘문 쇼핑몰, 페이스북, 밴드, 카페, 블로그 합쳐 7만명의 회원들이 활동하는 SNS를 통해 홍보해 드립니다.
당 출판사를 통해 국립중앙도서관 및 국회도서관에 납본하여 영구보존합니다.
당 문학사 정회원은 출판비 〈10% 할인〉이 적용됩니다.
교보문고 광화문 본점 매장에 전용판 매대에 전시됩니다.
출판비 할부도 가능합니다.(각종 카드사 6개월 ~ 12개월 까지 할부가능)

문의처

TEL : 02-496-0060 / 02-491-0096 | FAX : 02-491-0040
휴대폰 : 010-4409-9539 / 010-9938-9539
E-mail : rok9539@daum.net
홈페이지 : http://www.saemmoon.co.kr
　　　　　 http://www.saemmoonnews.co.kr
주소 : 서울시 중랑구 101길 56, 3층 (면목동, 삼포빌딩)
계좌번호 : 농협 / 도서출판 샘문 351-1093-1936-63

신 문 학 헌 장

 문학이 인간에게 어떤 역할을 하는지, 주는 감동이 얼마나 큰 것인지를 알아야 한다.

 작품을 출산하고 매체를 통해서 보여주고 이를 인간이 향수할 때 비로소 본질을 찾을 수 있다.

 시인, 작가들은 청정한 생명수가 솟아나는 샘물을 제공하는 마중물이 될 것이며 노마드 신문학파로서 별들이 꿈꾸는 상상 속 초원을 누비며 별꽃을 터트려야 한다.

 문학활동은 인간의 영성을 승화시켜 은사적, 이타적 인생을 살아가도록 구축해 주는 도구로 인간이 창조한 가장 심원한 예술이며, 갈구하는 본향을 찾아가고 이상을 실현시키는 수단이다.

 문학인은 시대정신을 바탕으로 황폐화된 인류의 치유와 날선 정의로 부패한 권력과 자본을 정화하고 보편적 가치로 약한 자를 측은지심 으로 대하는 보호자가 되어야 한다.

 우리는 작금의 한국문학을 점검, 반성하며 이를 혁신하여 시대와 국민과 문학인이 함께하는 문학헌장을 제정하여 신문학운동을 전개할 것을 선언한다.

첫째 : 삶에 기여하는 숭고한 문학을 컨버전스화 하고 고품격 콘텐츠로 승화 시켜 인류가 향수하게 한다.

둘째 : 수천 년 역사의 한민족 문화콘텐츠를 한류화하여 노벨꽃을 피우고, 인류의 평화, 자유, 행복에 기여한다.

셋째 : 위대한 가치가 있는 문화이기에 치열한 변화를 모색하고 품격을 최선상으로 끌어올려 세계문학을 선도하자.

2021. 06. 06

헌장문 저자 이정록